CHARLAS PARA REPENSAR LA HISTORIA

Conversaciones íntimas con personas que participaron en la realización de cambios sociales para Argentina y Latinoamérica.

Prólogo:

A lo largo de mi carrera como escritora, o periodista, o por qué no, como Licenciada en Comunicación, tuve oportunidad de recorrer, conocer y charlar con diferentes personajes del mundo de la política, sociedad, arte y el entretenimiento.

Así también, con personas que trabajan para cambiar el mundo, poniendo su granito de arena desde el anonimato.

Todas aquellas charlas, me enseñaron mucho y me dieron grandes mensajes que hoy quiero compartirlos con ustedes.

Este libro corresponde a 3 tomos de diferentes entrevistas realizadas tras varios y diferentes ejes.

En esta primera selección, podrás leer contenido relacionado a Historia, Política y Cultura de Argentina y Cuba.

En la segunda selección, verás charlas sobre Arte, Tradición, Historia, y Política Americana.

En la tercera selección, se publicará unas conversaciones con personajes del espectáculo, donde se habrá de cuestiones de Género, Derechos, Arte, Cultura, Historia y Viajes.

Las Entrevistas:

Para este libro realicé una búsqueda sobre entrevistas realizadas con líderes políticos o referentes que han marcado una bisagra sobre hechos de la historia argentina y de Latinoamérica.

Aquí encontraran una reseña de entrevistas seleccionadas según la temática de Política, Historia y Cultura. Todas estas notas se realizaron y publicaron entre el año 2012 y 2014 en la sección de Cultura del periódico dominical Miradas al Sur. Fueron editadas por la mágica pluma del periodista argentino Miguel Russo, quién fue el que acompañó y aprobó cada una de estos proyectos de charlas con la idea de poder tener esta información para comunicarla, compartirla y cumplir la misión de contar parte de la historia.

En esta recopilación se intenta describir ciertos momentos históricos y narrar la experiencia en primera persona de la figura destacada. A través de estos actores sociales podemos conocer un poco más sobre los sucesos más importantes ocurridos en Latinoamérica en el último siglo. Donde la voz de los protagonistas hace entender estos eventos desde la óptica de quien vivió en carne propia: ya sea el secuestro de su hija, la búsqueda de su nieto con identidad robada, como el caso de Estela de Carlotto. O la tortura y detención, como en el caso del ex Gobernador de San Juan, el Ingeniero José Luis Gioja.

Además se realizó un recorrido sobre la icónica fecha del 24 de Marzo, reconocida en el año 2002 como Día

Nacional de la Memoria, por la Verdad y la Justicia en conmemoración de las víctimas del genocidio que provocó el Estado Argentino en la década del 70´.

Y, por último, una charla con el hombre que acompaño durante más de 25 años a Fidel Castro, el fotógrafo cubano Roberto Chile. Quién narra anécdotas y momentos de alto impacto social en la historia latinoamericana.

En Este Libro Encontraremos:

1-Conversaciones con Estela de Carlotto, Presidenta de Abuelas de Plaza de Mayo. Quién sufrió el secuestro y tortura de su hija Laura estando embarazada, a causa del plan sistemático ejercido por los gobiernos militares, durante el periodo 1976 / 1983.

2-Continuando con la línea de historia Argentina también se encuentra una entrevista realizada a manifestantes auto convocados que se reúnen cada 24 de Marzo en la Plaza de Mayo, donde el reclamo es Memoria, Verdad y Justicia, por los desaparecidos y los crímenes de lesa humanidad sucedidos en el período de los gobiernos de factos entre 1976 y 1983

3-Entrevista a José Luis Gioja, en ese momento Gobernador de San Juan, y actualmente diputado y presidente del Partido Justicialista. Donde se realizó un recorrido sobre su vida, militancia, la detención y torturas en épocas de dictadura y el accidente en helicóptero durante su mandato en el que casi pierde la vida.

4- Entrevista realizada en La Habana al fotógrafo de Fidel Castro, Roberto Chile. El documentalista cubano que trabajó por más de 25 años con el líder revolucionario. En ella cuenta la convivencia y el día a día con Castro, años antes de su muerte.

ESTELA LA MAMÁ DE LAURA, LA ABUELA DE TODOS

Estela de Carlotto, actualmente tiene 90 años, es la Presidenta de Abuelas de Plaza de Mayo. En el año 1977, su hija Laura fue secuestrada por el gobierno militar estando embarazada. Desde ese momento, la hija de Carlotto, pasó a ser legalmente una persona desaparecida.

Estela en esta entrevista realizada en 2013 en la sede de Abuelas en Buenos Aires, narró su experiencia: desde la búsqueda de su hija bajo el gobierno de facto, la información del embarazo de Laura y el parto en cautiverio. Además describió la búsqueda incansable de su nieto y la formación de la agrupación con otras abuelas que se encontraban en iguales condiciones que ella.

El paso del tiempo y su esfuerzo ayudó a miles de personas que recuperen su identidad robada. Finalmente, en el año 2014, Estela recuperó la identidad de su nieto Ignacio tras los estudios de ADN logrados por la organización Abuelas de Plaza de Mayo. Muchas otras, madres y abuelas murieron sin tener información sobre sus hijos, o nietos desaparecidos.

Publicación: Miradas al Sur
Domingo 09 de Marzo 2014
Autor: Guadalupe Carril

Estela: la mamá de Laura, la abuela de todos.

Nada mejor que hablar con una de las más importantes mujeres argentinas, y de trascendencia universal, para conmemorar el Día Internacional de la Mujer. Una Estela de Carlotto íntima y batalladora, recuperando sus dudas y sus alegrías, sus inicios y sus sueños, en una entrevista de colección.

La historia fue narrada por los hombres: los roles de héroes, revolucionarios, dictadores o presidentes quedaron en manos del sexo masculino mientras que las mujeres eran siempre madres, hijas, esposas o amantes. Pocas veces se las tuvo en cuenta como activistas y protagonistas de la escena.

Eso sí, a lo largo de los siglos fueron quemadas en hogueras, decapitadas o encerradas. Recién durante la primera mitad del siglo XX fue permitido su voto en el mundo entero. En la Argentina, específicamente, la lucha de Juana Azurduy en los libros escolares no fue reconocida hasta hace algunos años. Sólo recién con el gobierno de Néstor Kirchner se apreció el poder de cambio social generado por Eva Duarte. La dictadura implantó el mote de "viejas locas" a ese grupo de mujeres que giraban alrededor de la Pirámide de Mayo reclamando lo que nadie parecía reclamar: verdad y justicia.

Esas "viejas locas" fueron las que continuaron de manera perseverante una lucha diaria para encontrar a sus familiares desaparecidos y a sus nietos nacidos en cautiverio. Esas mujeres se movilizaron hace poco más de 36 años solas, sin ayuda de la sociedad ni de los medios ni de la Justicia ni de los gobiernos. Y emprendieron desde entonces, y para siempre, un camino pacífico para conocer la verdadera historia sobre la desaparición forzada de personas. Esas mujeres no realizaron una guerra contra quienes le arrancaron a sus hijos y a sus nietos. Esas mujeres "chifladas", esas Madres y Abuelas de Plaza de Mayo se dedicaron a construir desde el amor. Esperaron de manera activa cada gobierno, cada juicio, cada decreto, cada testimonio y transformándose, con la lucha, en uno de los organismos de Derechos Humanos más importantes del mundo. Nada mejor, para esta nueva celebración del Día de la Mujer ocurrido ayer, que homenajear a una de ellas, referente indiscutido de la fortaleza de un género: Estela de Carlotto, esa mujer que, desde la agrupación que preside, ya devolvió la identidad a 110 personas.

Estela atiende el teléfono dando por iniciada la entrevista. La alegría del encuentro del nieto 110 genera una extraña felicidad que hace que, más allá de las conferencias de prensa, ella siga dando notas. Pero claro, aunque el relato es extenso, la charla telefónica no alcanza. Por suerte, siempre existen motivos para volver a hablar con ella y reencontrarse con sus palabras, con su relato, con su enseñanza. Entre viajes, juzgados, médicos y prensa, Estela no tiene tiempo pero se lo hace. Aunque sabe cuáles son los días para estar con la familia, organiza su agenda de una prolija manera para que todos sean bien recibidos.

¿Cómo recuerda los primeros tiempos de las búsquedas en Abuelas?

Las Abuelas de Plaza de Mayo llevamos 36 años de lucha, y hemos encontrado felizmente, y hasta ahora, a 110 nietos a los que les restituimos sus derechos. Lógicamente, fue una experiencia nueva, ha sido la búsqueda de dos generaciones: en soledad la primera y sin saber qué hacer, con riesgos y miedo. Fue una historia muy personal donde cada una empezó como pudo y de acuerdo a su criterio y sentido común. Nos fuimos encontrando, uniendo y así pudimos realizar una lucha más colectiva.

Juntarnos, fue una forma de estar más acompañadas y pensábamos que también de esa forma nos estábamos cuidando, protegiendo. En los primeros tiempos, cada una venía y presentaba su idea, sobre todo las mujeres, porque los hombres se quedaban cumpliendo otras tareas. Nosotras nos hemos retirado de nuestras actividades o de nuestros trabajos.

Las primeras búsquedas fueron realmente las más fácil de encontrar porque eran niños chiquitos que ya tenían una identidad previa. Habían sido secuestrados ya nacidos, algunos nenitos de los que se podía tener una imagen de su carita, de su identidad, de su origen.

¿Y cómo los buscaban?

A veces con carteles que pegábamos en las calles. Íbamos buscándolos y de golpe aparecía alguien que nos decía "yo a ese chiquito lo vi en tal lado". En ese momento, ni siquiera teníamos un lugar de trabajo, nos juntábamos en nuestras casas particulares, o nos encontrábamos en alguna iglesia, alguna estación de tren o confitería. Así nos pasaban información. Y la verdad es que, de esos primeros chiquitos, no había duda: eran niños que tenían su documento, su familia. Sus abuelos los podían reconocer. Con ellos el reencuentro fue mucho más sencillo.

Las búsquedas se complicaron con el paso de los años...

Si, el tema fue cuando empezamos a buscar a los que habían nacido en cautiverio. Aquellos bebés de los cuales no conocíamos ni su sexo, ni el día de nacimiento, ni ningún otro elemento probatorio. Por eso, para nosotras fue muy importante, y un gran paso, cuando encontramos una respuesta en la sangre. El Banco Nacional de Datos Genéticos, nos proporcionó una seguridad absoluta de no equivocarnos.

¿Qué recuerdos tiene de cuando dieron ese paso?

La experiencia fue dura. En lo personal puedo recordar cuándo restituimos a Paula Eva Logares. Los psicólogos y abogados habían ido a Tribunales; el apropiador y su mujer llevaron a Paula creyendo que era un mero trámite, ya que en esa época la impunidad era total. Esa nena ya tenía, en ese momento, 8 años, pero también había tenido 2 años largos de haber vivido con su mamá, su papá y sus abuelos. En ese caso, yo me replanteé mi accionar y me pregunté: "¿Estaremos haciendo bien, realmente esos niños no van a sufrir más?". Y la verdad, ¡qué equivocada estaba! Porque, en definitiva, yo personalicé algo. Como si la apropiadora fuera la madre. ¡Pero ellos no eran los padres! ¡Ellos son ladrones, son apropiadores, no hay afecto cuando se roba a un niño! ¡Había un dominio total hacia un ser desprotegido que no pudo defenderse porque era un bebito! Cuando entendí y tuve la claridad de eso, para mí fue un momento de tranquilidad, de saber que estaba haciendo el bien.

¿Dudó en algún momento en continuar con este camino de búsqueda?

No, nunca tuve dudas de que esto había que hacerlo, incluso resolví mi vida. Primero, con la búsqueda de mi marido, que fue el primer desaparecido de la familia, salí sola, nadie se enteró. Pude distribuir mi tiempo inventando y buscando las puertas para golpear, juntando plata para pagar por las informaciones, proteger a mis hijos, y cumplir con mis tareas docentes como personal directivo de la escuela.

Administré mis sentimientos y administré mis tiempos para poder hacer todo esto.

Algo fantástico que me ocurrió, fue que me encontré con otras mujeres, porque una cosa fue lo que empecé sola, inventando y con miedos y soledades. Pero cuando me encontré con otras mujeres que estaban viviendo la misma experiencia, ya no estuve más sola, ya fui comprendida, porque teníamos el mismo dolor, las mismas inquietudes, y la creatividad. Esto no fue un club fundado entre amigas. Esto fue generado por una dictadura y no nos conocíamos entre nosotras. Es más; hasta el día de hoy tenemos nuestras diferencias, y seguimos siendo muy distintas las unas de las otras. Cada una trajo e ideó lo que pudo, de acuerdo a su cultura, a su intelecto, a todas esas condiciones naturales. A partir de la unión de todas, esto comenzó a consolidarse hasta el día de hoy.

La única vez que dudé si estaría en lo correcto fue esa vez cuando Paula Eva Logares iba a ser desprendida de su familia falsa para ir con su abuela verdadera. Allí tuve esa sensación de "¡Pobrecita lo que debe estar sufriendo!" Pero eso fue por una experiencia mía personal: cuando era chica y nació mi hermano menor, como vivíamos en un pueblito en medio del campo, mi mamá tuvo al bebé en la casa. Entonces a mí me mandaron a la casa de una amiguita, la hija de un farmacéutico, para que pasara el tiempo allí mientras mi mamá daba a luz en la casa. Yo estuve contenta un tiempo en lo de mi amiga, jugando, pero llegó un momento en que dije: "me quiero ir a mi casa", y no me dejaron, me daban caramelos, me entretenían. Yo pensaba que no iba a ver más a mi mamá, me pareció que me habían separado de mi mamá. Esa sensación recrudeció cuando fue el caso de Paula.

Pero el error mío fue considerar a la familia de apropiadores como buena, cuando en realidad, ellos eran ladrones. Esa familia le estaba haciendo daño, no había papá y mamá verdaderos. Después, el resultado y la realidad me tranquilizaron, porque la niña recordó, se integró con su abuela, tuvo atención psicológica de nuestros equipos. Fue un encuentro muy grato, muy lindo, sin ningún tipo de trauma. Fue el único momento donde dudé si estábamos haciendo bien.

Además nuestra consigna institucional es ser muy cuidadosas con todas nuestras actitudes, nuestras palabras, nuestras expresiones. No queremos herir a nadie, ni victimizar a quien no corresponda. No queremos crear situaciones injustas. Una condición muy clara que tenemos es que nuestra necesidad de memoria, verdad y justicia es inamovible. Y la verdad es que pensamos mucho las cosas, las evaluamos, las hacemos madurar y después las concretamos

¿Cuáles fueron las diferencias más significativas que encontró en las devoluciones de identidades?

En estos 36 años tuvimos una cantidad enorme de diferentes situaciones en cuanto a los encuentros y restituciones de identidad de nuestros nietos. En esta época, está el nieto que viene espontáneamente, que ya viene dispuesto a encontrase con su verdad. Y está, él que no busca pero lo encontramos nosotras y se opone. A veces es una lucha jurídica, protegida por el amor y el respeto a la víctima. Pero ahí el juez es implacable y deja en claro cuando les dice: "Usted está llevando en su sangre la prueba de un delito de lesa humanidad, tiene que avenirse a que lo podamos analizar y saber si es una víctima de esa dictadura". Hemos tenido miles de momentos, pero también contamos con la seguridad y la convicción de que esto hay que seguir haciéndolo por el derecho que les cabe a ellos y por el derecho que nos cabe a las familias. Y también el derecho que le cabe a una sociedad, porque no se puede dejar todo en el olvido. Sirve para que estas cosas no se repitan. Buscamos la verdad, la memoria y la justicia. Sólo de esa manera aseguramos el Nunca Más.

¿Siente que la lucha de Abuelas colaboró para que se cambie la mirada hacia el rol de la mujer en la sociedad?

Si, Indudablemente, en estos 36 años de lucha que llevamos las Abuelas de Plaza de Mayo, dejamos una impronta, una señal en la sociedad. Si bien, en un comienzo no imaginamos vivir toda una vida buscando dos generaciones. Pensábamos sin ninguna trascendencia personal, simplemente, que nuestros hijos volvieran a nuestro hogar y que nuestros nietitos que estaban naciendo, sin saber dónde, ni cómo, sean criados, por nosotras. Ese silencio, ese no encontrarlos, tuvimos que empezar a caminar y así se marcó un camino.

Evidentemente, abrimos una vía novedosa en cuanto a la lucha, fundamentalmente, de la mujer. En general, las luchas políticas o gremiales eran de los hombres. Se los visualizaba mucho más que a las mujeres. Aunque históricamente hubo luchas de mujeres heroicas, y muchas murieron por esa lucha. Pero en nuestro país, la mujer no fue protagonista de una lucha con visibilidad. Nosotras la hicimos, perseveramos y le dimos presencia. No solamente por ir a la Plaza de Mayo que es un bastión indudablemente histórico de reuniones, sino porque ocupamos espacios, no nos circunscribimos a quedarnos solamente en la Plaza. Ocupamos aún aquellos espacios donde no nos era grato estar, pero sabiendo que para ese marco también hay público, hay gente. Y muchas veces era necesario educar a la gente: informarle, decirles que existíamos, explicarle qué es lo que hacíamos, qué objetivos fueron los que nos hicieron fundar este grupo. Y así nos dimos cuenta, con el correr de los años y cada día más, que éste es un grupo que no tiene fin sino sólo cuando nuestra vida se termine.

Las Abuelas que ya encontraron a sus nietos siguen con nosotras. Hay una consigna de continuidad necesaria. La presencia, los logros, los éxitos y una actitud respetuosa de acompañamiento a las etapas históricas, sociales, de manera pacífica y con amor, nos dio un lugar, que nos lo demuestra la sociedad nacional e internacional. Por eso nos requieren para que hablemos y contemos nuestra experiencia, que es inédita, en diferentes lugares del mundo y en nuestro propio país. Somos conscientes que pusimos en acción el valor y las condiciones posibles de la mujer en una lucha.

¿Por qué piensa que fueron Abuelas y no Abuelos?

Nosotras optamos que ellos no estuvieran. Nosotras les pedimos a los hombres no se arriesgaran. Porque, con el machismo, para los uniformados los hombres eran más peligrosos y las mujeres éramos unas locas y tontas. Sabíamos que a nosotras nos iban a dejar caminar, mientras que a ellos los podían secuestrar, desaparecer. Les pedimos que nos reemplacen en las ausencias de las tareas habituales, en el hogar, con los hijos. Nosotras tuvimos que retirarnos de nuestra vocación o profesión, dejamos nuestros trabajos y el hombre nos acompañó esperando.

Yo los califico como los héroes anónimos, porque ellos sufrieron mucho esa soledad y la incertidumbre de saber si volvíamos o no a casa. Saber si no nos secuestraban en cualquier lugar del mundo a dónde íbamos, o en la manga del aeropuerto como ocurrió. La espera de ellos fue dura, la ausencia y extrañarnos mucho. Eran hogares de parejas donde el amor por nuestros hijos victimizados era de los dos, padre y madre, hombre y mujer.

Ahí queda demostrado, de alguna manera, que el hombre es más frágil. Casi todas nosotras somos viudas: los hombres murieron antes por no poder aguantar, por no poder soportar la ausencia. Fueron heridos pero no tuvieron una respuesta porque les pedimos que no la tuvieran. Pero fueron más frágiles en el aguante. Nosotras resultamos ser descubridoras de condiciones femeninas desconocidas, que dan cuenta que cuando una mujer es provocada, sobre todo en algo tan sagrado como es un hijo, sale una leona.

Está Susana Trimarco, están las Mujeres del Paco, las Madres del Dolor, las Mujeres contra la Trata de Personas, hay muchísimas mujeres en el mundo que han nacido con pañuelos de otros colores, porque vieron en las mujeres argentinas un ejemplo y un camino a recorrer. Que ellas también pueden.

¿Se da cuenta que está haciendo historia?

Humildemente, si. No es que quiera hacerla, pero la realidad es esa. Veo lo que nos escriben, las ponderaciones, los halagos de la lucha y quizás ahí es cuando uno toma dimensión de todo. ¡Caramba, todo esto es lo que una hizo! Pero sin subirme a la loma, sino con humildad. ¡Salió bien, lo hicimos bien, se dio bien, se pudo! Eso es una satisfacción, podría haber salido mal.

Nosotras tuvimos siempre la idea de aprovechar los tiempos sociopolíticos del país, de no provocar las oportunidades sino ver cuando llegaban y aprovecharlas. Y los espacios. A veces me dijeron "ay, cómo vas a tal o cual programa de televisión" o "como hablás en tal revista". Creo que cada lugar tiene su público. Lo importante es que lo lean: aunque sea en la peluquería. Van a saber que existimos las Abuelas de Plaza de Mayo y lo que pasó en la historia. Es como una especie de docencia permanente y eso es lo que uno quiere dejarle a los nietos. Ya no hay Abuelas, estamos nosotras, yo me exijo y lo hago con voluntad, y a conciencia. Tengo la certeza que estoy haciendo algo bueno, y creo que para cualquier ser humano es importante pasar por la vida dejando algo que sirva. Acá el Nunca Más tiene que ser una realidad, yo estoy dejando eso.

¿Tuvo algún referente femenino o alguna mujer que la haya admirado o le haya impactado su lucha?

A Eva Perón yo no la quería nada, es más, la criticaba como toda la burguesía idiota que me rodeaba y los medios de comunicación que me educaban. Felizmente revertí y transformé esa parte gorila. Hoy en día, a Eva la valoro y la respeto muchísimo y creo que fue una mujer única. Por lo que hizo, por lo que dio y por lo poco que vivió, lamentablemente. En la historia de la Argentina hay muchas mujeres destacadísimas, Juana Azurduy, Alicia Moreau de Justo, que es un símbolo también de la mujer luchadora. Y Cristina, por quien tengo un respeto enorme. Es una mujer excepcional, muy capaz y muy valiente. Y me llena de orgullo porque ella representa a Laura, mi hija. Para mi ella es Laura, está haciendo lo que Laura no pudo hacer.

Las mujeres en Latinoamérica

Muchas mujeres en Latinoamérica estuvieron participando con nosotras cuando se fundó la Federación Latinoamericana de Familiares de Desaparecidos: FEDEFAM. Aún funciona, y mediante el esfuerzo de esta agrupación que nació en Venezuela en el año 1982, de la cual somos fundadoras Las Abuelas, se consiguió una convención internacional para la protección de desaparición forzada de personas en todo el mundo. Algunos países no la firmaron. De hecho, esto sigue pasando, como en el caso de México, donde todavía desaparecen personas.

Allí hay una situación social muy delicada, nosotros sabemos que cada país tiene su forma de resolver los problemas, pero en México hay mujeres en lucha. ¡Hay un pueblo en movimiento! Lo que pasa en Juárez, por ejemplo, con las mujeres asesinadas o con la mafia del narcotráfico que decapitan personas y las dejan tiradas como muestra del horror. Todo eso hay que denunciarlo, ponerlo en evidencia. Para estos casos están las organizaciones como Naciones Unidas o la Organización de Estados Americanos en Washington, para obligar al Estado a que actúe y ponga fin a esas situaciones con políticas adecuadas.

Nosotras acabamos de viajar a México, dónde dimos unas charlas referidas a nuestra experiencia pero no desde el orgullo de ser las únicas. Ellos tienen su parte de trabajo, lo hacen, pero está muy complicado con el narcotráfico y con cuestiones como el machismo y situaciones de la delincuencia común. Cada país debe resolverlos estos temas con su pueblo. En la medida de su situación en particular, nosotras podemos llevar algunos ejemplos, algunas experiencias. Ojalá les sirva. Estamos con ellos, los acompañamos, porque siempre tenemos que estar todos unidos para que en Latinoamérica estas cosas se terminen para siempre .

LA PLAZA: MEMORIA, VERDAD Y JUSTICIA

Continuando con la línea de historia argentina también se encuentra una entrevista realizada a manifestantes auto convocados que se reúnen cada 24 de Marzo en la Plaza de Mayo, donde el reclamo es Memoria, Verdad y Justicia, por los desaparecidos y los crímenes de lesa humanidad sucedidos en el periodo de los gobiernos de factos entre 1976 y 1983.

En este escrito se enumera parte de la historia argentina contada a viva voz por sus representantes reales: los ciudadanos. Se transita la vuelta a la democracia, la presidencia de Raúl Alfonsín donde se realizaron los juicios históricos a las Juntas Militares, las penas a los implicados. Luego el periodo menemista con el indulto y la liberación de condenas para muchos asesinos. Hasta la llegada del gobierno de Néstor Kirchner, donde se realizó un revisionismo histórico y se retomó el castigo para los culpables.

¿Cómo fue reclamar el nunca más en cada proceso político bajo los diferentes gobiernos democráticos?

Publicación: Miradas al Sur
Domingo 24 de Marzo 2014
Por Guadalupe Carril

Antes y después en Plaza de Mayo: crónicas del 24 de marzo.

A 38 años del golpe de Estado que produjo el genocidio más grande del Siglo XX en Argentina, miles de personas comparten un espacio común exigiendo Memoria, Verdad y Justicia. Testimonios de protagonistas que año tras año visitan la Plaza de Mayo y transitan las marchas del Día de la Memoria viviendo cada contexto histórico con las diferentes situaciones que atravesó el país.

La plaza de Mayo es el punto de encuentro de miles de expresiones populares, desde aquel 25 de mayo en 1810 -cuando *los criollos* salieron a la calle pidiendo libertad ante la corona española- hasta la actualidad, pasando por aquellas jornadas del 19 y 20 de diciembre de 2001 cuando *los argentinos* reclamaron "que se vayan todos", haciendo sonar las cacerolas. Las esquinas de la manzana Balcarce, Rivadavia, Bolívar e Hipólito Irigoyen, lugar de convergencia ciudadana, fueron testigos claves del nacimiento, historia y evolución de la patria.

El Siglo XX encontró al país liberado del virreinato del Río de la Plata pero con gobiernos frágiles para mantener y custodiar el Estado democrático. La historia nacional que comenzó hace más de 200 años con un Cabildo Abierto, convocando a la Primera Junta en la Casa de Gobierno, mostraba una Plaza de mayo, que desde el centro, observaba y acompañaba las decisiones políticas. Recién a mitad del 1900, la imagen de *las patas en la fuente,* forjó el símbolo concreto: en la Rosada habitaba el poder del Estado mientras que en la Plaza reinaba el pueblo. Con el *peronismo*, el país pudo vislumbrar ciertos movimientos populares que, una vez más, ponían a la Plaza como dueño único del escenario donde ocurría la acción. Allí se despidió a Eva y a Juan. Y allí, también, se vio cómo una vez más la democracia se hacía trizas después del gobierno de María Estela Martínez de Perón.

La mayor mancha de sangre que tiñó al país fue de la mano de las Fuerzas Armadas un 24 de marzo de 1976. Mientras el genocida Jorge Rafael Videla anunciaba desde el balcón de la Casa de Gobierno que comenzaría un *Proceso de Reorganización Nacional,* la Plaza estaba a punto de convertirse en el punto de encuentro de madres y abuelas desesperadas que buscaban el paradero de sus familiares desaparecidos.

Los años del terrorismo de estado parecieron eternos, mientras el contexto internacional pedía por los derechos humanos en Argentina, los medios de comunicación nacionales informaban falazmente que se estaba ganando la Guerra de Malvinas. Tan masivo fue impacto ante el genocidio y el plan sistemático de desaparición forzada de personas que cuando el 10 de diciembre de 1983 se recuperó la democracia, el país volvió a llenarse de fortaleza popular. Los actores que protagonizaron la escena eran los ciudadanos, el pueblo. El escenario, una vez más, la Plaza de Mayo.

Cuando por fin finalizó la tiranía militar, había que defender la democracia con uñas y dientes. Por eso el primer grito de "Nunca Más", sonó bien fuerte en la marcha del 24 de marzo de 1984, cumpliéndose ocho años de aquel hito sangriento de la historia argentina. Todavía estaban cerca e impunes los militares, los genocidas y los torturadores. Era el comienzo de un camino en donde se tenía en claro que no se podía permitir que vuelva a ocurrir la desaparición de 30000 personas, ni la represión e imposición ideología, ni la eliminación de movimientos políticos y sociales distintos a la hegemonía neoliberal.

Las marchas del 24 continuaron año, tras año, con las *Madres*, con las *Abuelas* y con los *H.I.J.O.S* buscando a sus seres queridos. Y con el pueblo acompañándolos. Mientras tanto, el Estados en democracia realizaba el *Juicio a las Juntas,* dictaba la *Ley de Obediencia Debida*, la de *Punto final*, y hasta decretaba el *Indulto* para librar la pena de los culpables de violar derechos humanos. Pasó mucho tiempo para que un gobierno pidiera, en nombre del Estado, disculpas a la sociedad por los crímenes de lesa humanidad cometidos, para que diera por tierra con las leyes de Obediencia Debida y Punto final, pasaron muchos años, para que la ESMA sea un lugar de público acceso y para que se vaya el mayor símbolo del genocidio en la República Argentina, el cuadro con la cara del, ahora, muerto Jorge Rafael Videla.

En tanto la Plaza de Mayo, como lugar de encuentro, de manifestaciones, de expresión, de pedidos y de repudio siguió siendo visitada todos los 24 de marzo. Varias generaciones de ciudadanos, concurren a estos encuentros para fomentar y hacer Memoria pidiendo Verdad y Justicia.

Miradas al Sur estuvo presente y dialogó con distintos protagonistas para conocer cómo viven cada año el *Día de la Memoria:*

Actores sociales que nacieron antes o después del golpe de Estado, personas vinculadas con la esfera política, o meros ciudadanos trabajadores que sólo descubrieron la Plaza en algún paseo familiar, jóvenes que ayer eran adolescentes y hoy se transformaron en adultos. Familias, parejas, abuelos, nietos, hermanos y padres, todos, sin distinción de sexo formaron parte de la masiva convocatoria a la Plaza. Todos bajo un mismo lema: NUNCA MAS.

En las manifestaciones surgieron recuerdos del temor en los primeros años de democracia, las marchas desesperanzadas bajo gobiernos neoliberales, la represión cuando se cumplieron 20 años del golpe, las columnas desde el Congreso a la Rosada pidiendo Juicio y Castigo para los militares libres y sin condena, el cambio, y la fortaleza adquirida después del 2001, la reivindicación con la anulación de las Leyes de Obediencia Debida y Punto Final, el Día de la Memoria como feriado nacional y permitiendo la liberación de las obligaciones rutinarias laborales o educativas, la recuperación de la ESMA, la conciencia social y la memoria activa en los planes educativos, la división de las marchas y la alegría por la fiesta popular. Esos fueron algunos de los ejes que se tocaron en los discursos de los testimonios de personas entrevistadas en medio de la marcha.

Para Guillermo y Gabriela, la experiencia de marchar en la Plaza hoy es totalmente diferente a sus primeras marchas porque vienen con su hija de un año. Ellos tienen más de 30 y asisten cada año desde que cursaban sus estudios en la escuela primaria y secundaria. "Vine de muy chica con mis padres a la marcha contra el indulto y es notable la diferencia de esos días a lo que pasa hoy. Además está el hecho de que sea feriado. Antes, en la época del colegio secundario, era día de clases y tenías que terminar de cursar o salir de tu trabajo para venir a la Plaza". Guillermo explica que ahora el 24 de Marzo "es un día mucho más conmemorativo que en la década del 90´. Hay más participación, es más convocante". Y juntos enfatizan en el tema de la seguridad durante la movilización actual: "Estuvimos en la marcha cuando se cumplieron los 20 años del golpe y hubo mucha represión al finalizar el acto. Ahora es distinto, nos sentimos más contenidos, más cuidados".

"Las marchas de los años ´90 estaban teñidas por la lucha contra el menemismo por su continuidad con las políticas económicas que comenzó en la dictadura en 1976"

Por su parte Gabriela, como docente hace hincapié en que la política de derechos humanos generó más conocimiento del tema: "Yo trabajo en educación y puedo decir que en las escuelas hay más información, si bien todavía falta un montón, no hay comparación con los planes de estudio que nosotros tuvimos en los` 90. Cuando éramos adolescentes veníamos con el centro de estudiantes y éramos re pocos. Es más, te miraban raro si comentabas que venías. Mis papás se preocupaban por lo que podía pasarme en la marcha, y la verdad es que ahora hay muchos más niños. Antes estaba considerada como una marcha para los subversivos o rebeldes. Estamos contentos con el cambio"

Ariel tiene 35 años, hace 15 años que va a la plaza todos los 24 de Marzo y comenta que lo más llamativo para él fue cómo se modificó la composición de los actores que concurren y la diferencia cuantitativa de los últimos años. "Las marchas de los años `90 estaban teñidas por la lucha contra el menemismo por su continuidad con las políticas económicas que comenzó la dictadura en 1976. Ahí nos encontrábamos aquellos que, desde distintas expresiones de izquierda, con ideas antiimperialistas, íbamos reclamando justicia"

El joven reconoce que la búsqueda de esos años era para "saber que había sido de los nietos apropiados y de aquellos compañeros de nuestros viejos". Pero, a su vez, destaca que "la memoria es condición necesaria para avanzar" y reconoce que "fue Néstor el que descolgó el cuadro de Videla, que dio lugar a los organismos de derechos humanos. Y cuando ya no estuvo Néstor, el pueblo tenía en claro lo que no se quiere NUNCA MAS"

En tanto Pablo, de 38 años comenta que él no participaba socialmente. "Mi vida era otra: consumo, materialismo. Este modelo, para mi, fue el que dio un ejercicio de pensamiento social. Yo empecé a sentir que formaba parte". Aclarando que no es "K", ni peronista, cuenta: "empecé a venir a la Plaza, cuando noté que mi país cambiaba. Empezamos a tomar conciencia como nación, sabiendo quiénes somos y de dónde venimos"

Para Jaime con su cabello canoso, su boina y sus 75 años la sensación no es tan satisfactoria. El señor que concurre año tras año desde la primera marcha con el regreso de la democracia en 1984, explica que en ese entonces "era una marcha en repudio, muy masiva, donde estábamos todos: radicales, peronistas, todos". El hombre que regresó al país con la vuelta de la democracia explica que "lo más jodido es que haya una marcha que acompañe al modelo y otra no. Esa división antes no estaba y eso duele". Jaime ve este fenómeno desde hace muy pocos años: "Yo recuerdo marchas de hace cinco, o seis años, donde no ocurría esto. La plaza se compartía, estaba *La Campora, la Izquierda,* pero todos en el mismo acto". La reflexión del militante es que: "a 38 años del golpe no puede haber dos convocatorias distintas".

Susana tiene 70 años y viene con su hermana. Las dos recuerdan que la primera vez que estuvieron en la Plaza de Mayo fue el día que murió Evita: "Habíamos venido con mis abuelos en 1952 y desde que regresó la democracia venimos todos los 24 de Marzo". Cuando analiza la diferencia de los Días de la Memoria en estos treinta años, Susana dice: "Lo que veo de diferente es que ahora reina la libertad. La gente tiene más tranquilidad en poder expresarse, en decir lo que piensa, lo que siente. Pueden manifestarse diciendo a que agrupación adhieren, cuáles son sus sentimientos". Y, en comparación, marca que "antes había mucho miedo, creo que ahora se está perdiendo. En los `90, había mucho engaño, mucha mentira, la gente no se había dado cuenta. Y cuando algunos se avivaron, el país ya estaba todo vendido".

En tanto, ella remarca como se siente al manifestarse en la Plaza: "Yo hoy vengo tranquila, nadie me insulta, nadie me ataca. Esto es una fiesta y hay que disfrutar de estos momentos políticos porque no en todos los países se dan. Tenemos que ser agradecidos a los gobiernos de Néstor y de Cristina que tanto hicieron por los derechos humanos y crearon conciencia política".

Clara empezó a ir a las marchas conmemorando el 24 de marzo a fines del menemismo. "Era estudiante de colegio secundario y marchábamos encolumnados con el Centro de Estudiantes. Siempre estábamos los mismos: partidos políticos, agrupaciones de Derechos Humanos, familiares y organizaciones sociales". Clara de 30 años, asegura que de esa época a la actualidad se dio una gran cambio: "Yo siento que hubo una diferencia muy grande con la llegada del kirchnerismo, a partir de la masificación de los juicios y la recuperación de los centros clandestinos de detención. La lucha por los derechos humanos empezó a ser una causa de Estado y así muchos empezaron a perder el miedo a marchar." Para esta mujer nacida a comienzos de la democracia, "otra cuestión que facilitó la masificación de la marchas, fue el feriado por el Día de la Memoria. Muchos lo critican porque dicen que no hay nada que festejar. Yo creo que sí, hay que celebrar la democracia que tenemos, hay que recordar a los compañeros desaparecidos y es importante que se haya creado un día en el que se pueda marchar en familia, sabiendo que no hay que estar corriendo después del trabajo para llegar a la Plaza".

Clara hace énfasis en que "ahora se puede ver a familias con chicos, gente común que quizá nunca militó o no tiene familiares desaparecidos, pero que quiere dejar en claro que no podemos olvidar lo que pasó durante esos años. Cada 24 la Plaza es una fiesta y es la reconfirmación de que la Democracia es nuestra y que, como sociedad, no vamos a volver a permitir NUNCA MAS que un Golpe de Estado Cívico Militar tenga lugar en nuestra Argentina".

Victoria es Licenciada en Sociología, tiene 34 años y concurre desde la época menemista "casi todos los 24 de marzo", ella reconoce que "antes éramos muy pocos, casi te diría que veías las mismas caras todos los años, no era común pensar distinto a la masa". Pero para la socióloga, lo importante de esas marchas no era la cantidad que asistía, sino el compromiso: "Ese día, tenías que irte antes del laburo o faltar a la facultad porque, si o si, era el momento del año en el que no te podías hacer el boludo. No había mucha gente que se hiciera cargo de la situación social, a menos que militasen. El menemismo le había dado Indulto a los asesinos, había que repudiar eso, si nadie decía nada no iba a ser viable el NUNCA MAS, la lucha había que continuarla. Ahora, las nuevas generaciones se suman a la Plaza desde la tranquilidad de tener un Estado que reconoció el terrorismo y la masacre contra los derechos humanos". Para Victoria el cambio fue de conciencia social: "Hasta hace unos diez años, seguía instaurada, en los medios y en la calle, la teoría de los dos demonios. Ahora, sigue estando pero, entraron nuevos discursos a la escena social y eso es un gran paso. El repudio al terrorismo de estado y a la dictadura es una cuestión masiva. Eso lo logró Néstor y lo continuó Cristina, no se puede negar. Pero no hay que dejar que siga pasando, también hay desaparecidos en democracia como López, Arruga o Verón y eso forma parte de la memoria activa y del pedido que seguimos realizando de NUNCA MAS.

LA MILITANCIA, LA TORTURA Y EL ACCIDENTE DE JOSÉ LUIS GIOJA

Bajo el mismo eje de historia política argentina se encuentra la entrevista que le realicé, en el año 2014 al entonces Gobernador de San Juan, José Luis Gioja. Unos meses antes, en octubre del 2013, Gioja sufrió un accidente en hélicoptero donde viajaba junto a una comisión del gobierno sanjuanino y donde casi pierde su vida. El actual Diputado y Presidente del Partido Justicialista profundizó en la charla momentos íntimos de su vida política, recordó los primeros años de juventud y militancia, la detención, y las torturas sufridas en épocas de dictadura militar.

Publicación: Miradas al Sur
Domingo 02 de Marzo 2014
Por Guadalupe Carril

"Hay que ser prudente con los tiempos para las candidaturas nuestras"

En diálogo exclusivo con Miradas al Sur, después del trágico accidente aéreo que sufrió en el mes de octubre, el Gobernador de la Provincia de San Juan José Luis Gioja, realizó un balance de su vida. Tranquilo, cordial, amistoso, Gioja habla afectuosa y calmadamente. El pasado reciente fue casi milagroso para su vida, el presente es retomar actividades y encargarse de los problemas de su provincia. En un momento clave de la política nacional, Gioja acompañado por Jorge Capitanich y Daniel Scioli se mostró en la Fiesta Nacional del Sol y manifestó que quiere ser "prudente con los tiempos para las candidaturas"

¿Cómo hizo para volver tan rápido al cargo?

Lo único que evité fue la terapia intermedia, porque estaba bien. De terapia intensiva salí caminando, siempre con autorización del médico.

¿Cómo vivió esos últimos tres meses después del accidente?

Después del Hospital Italiano, me fui a un convento de la congregación de mi hija. La verdad, ese tiempo fue de felicidad total, estábamos solos con mi familia. Las monjas se habían ido de viaje y no había nadie, allá tenía un espacio para hacer rehabilitación, podía caminar, me mimaron mucho. Cuando uno hace política no tiene tiempo para nada y de golpe uno debía llegar a la una para comer con la familia pero se queda trabajando, se queda resolviendo algo. Entonces poder haber convivido con ellos fue una gran experiencia. Y además mi familia, como todos los sanjuaninos, me consta, hicieron fuerza para que me recupere.

Sus hijos, su familia ¿le pidieron que parara un tiempo?

Si, me pidieron que fuera prudente. De hecho me cuidan, soy un mimado. Viene un día cada uno, se van turnando. La conclusión más fuerte que saco de todo esto es que Dios existe y ayuda al que lo ayuda a ayudar, por eso creo que *no hay que aflojar nunca*. Tener los afectos, la familia cerca, eso me sirvió mucho, me hizo muy bien.

¿Por qué decidió volver a trabajar tan rápido?
Porque me autorizó el médico, porque me sentía bien y porque aquí hay un equipo de compañeros que se hizo cargo de la situación, que anduvo muy bien. Hubo algunos problemas, pero se pudieron resolver porque hay armonía. Ya estando en San Juan, empecé a venir dos horas a la mañana, dos horas a la tarde, ahora hago tres horas y tres horas. Además voy a kinesiología a las 8 de la mañana, para no cortar el día, llegó a la casa de gobierno a las 10 y a la tarde hago rehabilitación, de 16 a 17.30, a la gobernación llego a las 18 para no tener excusas y cumplir la rehabilitación.

¿Sabés que gané con todo esto? La vida me enseñó a quererme más y eso significa, también, querer más a tus afectos, a las cosas personales. Siendo uno, un hombre público hay muchas cosas difíciles de disfrutar, por ejemplo los hijos. Mi hijo menor tiene 26 años y cuando me di cuentan era un tipo grande, había crecido y se me pasó.

Sin embargo, eligió volver y seguir trabajando ...

Pero creo que ahora tengo mejor medidos los tiempos.

En este volver a retomar las actividades del cargo, después del accidente. ¿Realizó alguna reflexión o resumen de todo lo que vivió en su carrera política desde tus comienzos allá por los años 60? ¿Cuáles serían los primeros recuerdos que le vienen a la mente?

No es fácil resumir, la memoria quizá no ayuda a rescatar algunos momentos entre tantas cosas. Pero *reivindico la lucha estudiantil en la época de los `70. Me quiero olvidar, pero no puedo, de los nueve meses y pico de falta de libertad porque vos estabas metido ahí adentro sin saber lo que pasaba.* Más allá de que para mi terminó siendo un orgullo que la dictadura sea la que disponía de mi vida. Por suerte todo eso acabó.
Reivindico haber aportado algunos datos como testigo cuando fui a declarar en los juicios de lesa humanidad, haber podido ayudar para que la verdad, la memoria y la justicia aparezcan.

Reivindico, también, haberme criado en un pueblo como Jachal que está a 150 km de la capital de San Juan, y haber tenido una formación allí en un lugar lleno de sabios, de tipos que quieren la vida, que caminan despacito, que son meditadores, que les gusta sentarse con un vaso de vino y ganarse dos o tres horas hablando de cosas que hacen a la vida, a la amistad, y no viven apurados. Odio los que viven apurados para ir a tomar un café a la esquina, o los que se hacen los apurados para sacar alguna ventaja. Lo que no significa que tenés que quedarte sentado esperando que pase el tren.

Y sin duda, *para los provincianos que trabajamos en política el sueño del pibe, es poder gobernar tu provincia.*

Y esta desgracia que pasó fue, también, un poco por esto, estábamos recorriendo pueblos, inaugurando obras, en campaña. Por suerte lo puedo contar, revivir estas cosas es lo mejor que me puede pasar, estar con vida, en pleno proceso de recuperación.

¿Y el futuro, cómo lo ve? ¿cuáles son sus deseos?

Deseo que nos vaya bien. *Creo que este año y monedas que quedan de gestión hay que ratificar la conducción de la Presidenta para que este periodo termine bien.* Ella expresó que no quiere ser candidata y *creo que hay que ser prudente con los tiempos para las candidaturas nuestras.* Apuesto mucho a las Primarias Abiertas Simultaneas y Obligatorias, que nosotros, la elección pasada no usamos y, por eso, no nos fue bien, ni en el país, ni en San Juan. La oposición si las uso, y las uso bien. Creo que ahora la vamos a usar bien.

Yo respeto a todos los que quieran postularse, porque es legítimo. Y sirve, además, el que tenga ambición y se sienta motivado cuando escucha la marcha peronista o cuando escucha hablar de nuestra bandera, tenga la obligación de participar en la interna. *Tratar de lograr acuerdo primero y si no hay acuerdo participar de las primarias,* en ellas la gente termina eligiendo.

¿Qué opinión le merece Scioli como posible candidato?

Lo he dicho y lo ratifico, *Scioli es un dirigente representativo.* Pero también creo que hay que ser muy prudente con los tiempos. *Es muy probable que Scioli sea cabeza de algún sector para las PASO si no hay acuerdo general.* Y si hay acuerdo, bienvenido.

¿Le gustaría algún puesto a nivel nacional o preferiría seguir trabajando en la provincia?

Ni lo uno ni lo otro, *me parece que no es tiempo,* lo mejor que podemos hacer es ser prudentes para no generar complicaciones.

A raíz de estas posibles complicaciones, los intentos que hubo de desestabilización al gobierno nacional ¿cómo afectaron a San Juan?

Son antidemocráticos, yo estaba reincorporándome a la función. No los he vivido a fondo, pero indudablemente son acciones que tienen que ver justamente con desestabilizar, la democracia tiene periodos gubernamentales que deben ser cumplidos.

¿Y con los cambios en Gabinete y a nivel económico?

San Juan está dentro del complejo de lo que llamamos economía regional, *y a las economías regionales las medidas tomadas les ha venido bien.* Las vuelve más competitivas, sin ninguna duda. Lo que hay que ver, que creo que ya se está haciendo, es que esas medidas no ajusten a los sectores más vulnerables. *Me parece que el exceso de especulación por parte de algunos ha favorecido que podamos reaccionar y que la cosa se haya ordenado*: El Banco Central comprando reservas, o que el dólar no sea la noticia del día, porque nos metían todo eso en la cabeza. La tapa del diario con el dólar paralelo para generar zozobra y especular. Creo que ese tiempo pasó y que Argentina está en condiciones de seguir caminando muy bien.

¿Pensó que iba a ver todo esto?

Jamás bajé los brazos, nunca se me ocurrió que podía no hacer lo que estoy haciendo ahora. Ni a mí, ni a mi familia, tampoco, nunca se nos pasó por la cabeza. Esto de que *la fe mueve montañas* y que él que está arriba ayuda, es cierto.

¿Cómo tiene tanta fortaleza?

No es cuestión de fuerza sino de subsistencia, el animal quiere vivir, salvarse. Me parece que eso es lo que hay que hacer, no bajar los brazos, sobre todo siendo racionales. Voy a contar una anécdota: *En el 76´ cuando estábamos, ahí dentro, "de vacaciones", siempre nos agarraban los torturadores a cuatro o cinco y, para lucirse nos empezaban a pegar.*

¿En público? ¿Para mostrar quien tenía el poder?

Claro, era un tipo de tortura que repetían. Entonces nosotros habíamos aprendido que cuando apenas nos tocaban teníamos que gritar, *teníamos que gritar mucho, aunque no nos doliera. Para hacer el show, que era lo que querían ellos, verte sufrir.* Y me acuerdo que una vez, me dieron un golpe en el estómago y empecé a gritar. Y entonces vino uno y me dijo: *"No te hagas el boludo, flaco, vos sabés cuanto más podés resistir. Vos sabés cuanto aguanta la vida todas estas cosas, no te hagas el boludo".* Eso se me quedó grabado. Y es cierto: la vida que es lo más lindo cuesta mucho pero no hay que dejarla ir.

LOS OJOS QUE MIRAN A FIDEL

En el año 2012, con Fidel Castro vivo y con Raúl Castro como Presidente del Consejo de Estado y de Ministros viajé a Cuba. Allí tuve la oportunidad de realizarle una entrevista a Roberto Chile quién es fotógrafo y documentalista y que durante más de 25 años trabajo mano a mano con Fidel Castro. En esa charla, Chile relató anécdotas de su trabajo y cómo fue la convivencia con uno de los mayores líderes del último siglo.

Publicación: Miradas al Sur & Infonews
Domingo 14 de Octubre 2012
Por Guadalupe Carril, desde La Habana.

Los ojos que miran a Fidel

Desde hace más de 25 años, Roberto Chile es el fotógrafo personal de Fidel Castro. En entrevista con Miradas al Sur, el cubano, nos recibió en su casa del barrio Vedado en La Habana y nos contó como es vivir acompañando y fotografiando a uno de los líderes políticos más importantes del último siglo.

Roberto Chile nació el 29 de Septiembre de 1954, cinco años antes de aquel 1 de enero revolucionario. *"Chile"*, como le llaman sus amigos, vio pasar a las tropas del *Movimiento 26 de Julio* desde la carnicería de su padre en el barrio *Centro Habana*. Allí, en la intersección de las calles Gervasio y Concordia todavía se encuentra intacto el comercio, pero cerrado. Con la misma maquinaria para cortar carnes que se usaba en aquella época. Cómo varias postales de La Habana, con su estilo años 50, *Chile* se emociona ante el recuerdo, y empieza a rememorar diferentes anécdotas:

Cuenta que se enteró por las noticias sobre un grupo de jóvenes revolucionarios liderados por un tal *Fidel Castro* que estaban liberando a su país de la tiranía del dictador Fulgencio Batista. Poco podía imaginar que años después, ese hombre de traje verde oliva sería el protagonista de la mayor parte de sus fotografías.

Con 58 años y desde su casa familiar del barrio El Vedado, *Roberto* nos esperó con una cerveza bien fría para mitigar el calor del verano cubano. Distendido y simpático, *Chile* comienza narrando el afecto que lo une con nuestra patria, su trabajo junto a *Fidel*, sus vivencias con el *Comandante en Jefe*, sus comienzos en la fotografía y el documental que realizó al asumir *Néstor Kirchner* la presidencia de la *República Argentina*.

¿Cómo fue que comenzó a sacar fotos?

Mi primer amor fue con la cámara de video, empecé a relacionarme con ella y quedé magnetizado. Comencé trabajando como camarógrafo con mi hermano e íbamos editando lo que filmábamos, después me hice realizador de documentales.

¿Y con Fidel, cuando arrancó?

Hace más de 25 años que trabajo con el *Comandante en Jefe*, lo acompaño, lo fotografío, lo filmo. Gracias a eso, en todo este tiempo, pude recorrer *Cuba* de punta a cabo. Presencié momentos duros, de gloria, ciclones, accidentes, festejos, de todo. Estuve en las centrales azucareras, en la industria, junto a los deportistas, a los campesinos, a los estudiantes, etc.

Y también, tuve la dicha de recorrer el exterior junto a *Fidel.* Fueron casi 60 viajes a más de 30 o 40 países, entre ellos *Argentina.* Allí estuve en dos ocasiones, recuerdo particularmente el viaje en el 2003 cuando asumió la presidencia de la Nación *Néstor Kirchner.* Fue un momento muy especial donde se reunieron varios mandatarios de *América* esperando el cambio social. *Fidel* dio un bonito discurso en la Facultad de derecho de la Ciudad de Buenos Aires y fue muy bien recibido por el pueblo argentino.

¿Durante esa visita realizó una película en donde se marcaba el inicio de la nueva etapa socio-política en Argentina?

Si, se llamó *"Argentina, Nuevos Aires"*, fue un documental al que le guardo mucho cariño. Tenía efervescencia, se veía la energía del pueblo argentino, la esperanza por el cambio que prometía el nuevo presidente.

La cara de la gente tenía alegría, los jóvenes estaban ansiosos por escuchar el discurso de *Fidel* en la Universidad de Derecho. Iba a ser un discurso semi privado en un aula y terminó realizándose en las escalinatas. Recuerdo que le aconsejaban a él que no fuera por que había desorden, e irónicamente, le causaron más deseos de estar ahí con la ciudadanía.

Ese encuentro fue el hilo conductor del documental, fue precioso. Utilicé los rostros de las personas que estuvieron allí, esas caras tenían luz e ilustraban cada una de las palabras que decía Fidel.

"Fue muy irónico, porque a Fidel le aconsejaron que no vaya (por los disturbios podían ocasionar tanta gente reunida) y sin embargo, al contarle que tantas personas estaban esperando sus palabras, él sintió más deseos de estar allí con la ciudadanía".

¿En Cuba, también lo acompaña a todos los eventos?

Intento, mi peor pesadilla es que ocurra algún suceso importante y yo no esté ahí, presente, con mi cámara.

¿Le pasó alguna vez?

En la vida real me pasó sólo una vez, en mis sueños muchas. En un concierto de Silvio *Rodríguez* en el estadio Latinoamericano. Silvio salió a cantar y de golpe el público, dejó de mirar el escenario, y empezó a voltear su cabeza para otro lado. ¡Era *Fidel* que se apareció entre la multitud! ¡Y yo era su fotógrafo personal pero no tenía mi cámara!

Tuve suerte porque el recital quedaba a diez minutos de mi oficina. Tomé el auto y llegué en cinco, agarré mi cámara y regresé corriendo, le pedí a mi mujer que haga de microfonista.

Filmamos un poco del show y cuando terminó el espectáculo pudimos registrar el saludo entre *Silvio y Fidel*, finalmente, esas fueron las únicas imágenes que existen de aquel ese encuentro. Tengo varias imágenes que le saqué a *Fidel* y guardo con afecto y orgullo.

¿Cómo cuáles fotos?

Cómo las que le tome en una etapa en la que todos pensaron que no iba a volver a presentarse en público y mucho menos que se iba a poner el verde oliva (en referencia al traje del Comandante en Jefe). Pero volvió y yo lo pude retratar.

¿Qué siente cuando cae en la cuenta de estar retratando a uno de los más importantes líderes políticos del último siglo a nivel mundial?

Lo he vivido muy humanamente, con responsabilidad. Solo cumplí la tarea que me ha tocado, con la mayor eficiencia profesional, humana y artística. Al igual que todos los que hayan filmado o retratado a *Fidel* o al *Che,* creo que se hace cumpliendo un deber. Y si alguno de mis trabajos, el día de mañana queda en la memoria colectiva lo recibiré con sorpresa y satisfacción. Creo que ninguno de nosotros se propone eso, sólo cumplimos con el deber que nos dio la patria.